CHAMBRE DE COMMERCE D

EXAMEN

DES MODIFICATIONS APPORTÉES A LA LÉGISLATION DU 24 JUILLET 1867

SUR

LES SOCIÉTÉS

RAPPORT

PRÉSENTÉ A LA CHAMBRE DE COMMERCE

Par M. David BEAUJOUR

SON PRÉSIDENT

Et adopté par elle dans sa séance du 11 Décembre 1885

CAEN

TYPOGRAPHIE F. LE BLANC-HARDEL

RUE FROIDE, 2 ET 4

1885

CHAMBRE DE COMMERCE DE CAEN

EXAMEN

DES MODIFICATIONS APPORTÉES A LA LÉGISLATION DU 24 JUILLET 1867

SUR

LES SOCIÉTÉS

RAPPORT

PRÉSENTÉ A LA CHAMBRE DE COMMERCE

Par M. David BEAUJOUR

SON PRÉSIDENT

Et adopté par elle dans sa séance du 11 Décembre 1885

CAEN

TYPOGRAPHIE F. LE BLANC-HARDEL

RUE FROIDE, 2 ET 4

1885

PROJET DE LOI SUR LES SOCIÉTÉS

M. le Ministre du Commerce a demandé l'avis de la Chambre sur les modifications qu'il est question d'apporter à la législation du 24 juillet 1867, à propos des *Sociétés*.

Le Président présente, à ce sujet, le rapport suivant :

MESSIEURS,

Par deux circulaires en date des 23 juillet et 22 octobre 1885, la Chambre a été appelée par M. le Ministre du Commerce à examiner le projet de loi adopté par le Sénat le 29 novembre 1884, sur les sociétés, et à donner son avis sur les modifications qu'il apporte à la loi du 24 juillet 1867.

Pour faciliter la tâche qui nous incombe, j'ai cru devoir analyser ces nouvelles dispositions et faire ressortir les différences essentielles qu'elles présentent avec la législation qui régit aujourd'hui la matière.

Ce projet de loi a pour but de réglementer la formation des sociétés par-actions, et de développer le principe d'association, en sauvegardant, autant que possible, l'intérêt des tiers, et en déterminant d'une manière précise les responsabilités, afin de donner à ces contrats les garanties sérieuses que l'expérience a démontrées ne pas résulter suffisamment de la loi de 1867.

A l'origine des premières études, on s'est trouvé en présence de deux systèmes : ou le retour au principe restrictif qui imposait l'obligation gouvernementale pour les sociétés anonymes, ou bien admettre la liberté des conventions et autoriser toutes les stipulations qui ne sont pas contraires à l'ordre public et aux bonnes mœurs; il y avait là un danger égal : dans le premier cas, si le Gouvernement se montrait difficile, il pouvait être exposé à une accusation d'arbitraire; ou s'il penchait vers une facilité contraire, son intervention était sans efficacité et ne présentait plus aucune garantie; dans le second cas, il fallait effacer toute la législation existant depuis le Code de 1807 jusqu'à la loi de 1867, et rester dans le vague de la formule proposée, malgré les difficultés de déterminer les limites qui séparent les bonnes mœurs de celles qui ne le sont pas, ainsi que celles où commence et finit l'ordre public.

C'est pour obvier à ces diverses objections qu'a été entreprise la réforme de la loi de 1867. Nous pouvons ajouter que les évènements financiers qui se sont produits dans ces dernières années, n'ont pas été étrangers à certaines des prescriptions qui ont été votées par le Sénat, et qui concernent notamment la responsabilité des fondateurs et des administrateurs et les droits accordés aux porteurs d'obligations. En ce qui touche les premiers, l'étendue des obligations qui résultaient de leurs actes n'était pas définie d'une manière assez précise pour éviter des différences de doctrine qui pouvaient conduire à des contradictions judiciaires; quant aux obligataires qui, maintenant, jouent un rôle des plus prépondérants dans le fonctionnement des sociétés et dont l'intérêt est incontestable, ils n'avaient aucun droit de surveillance; ils étaient non-seulement étrangers aux assemblées, mais encore on leur refusait le droit de prendre communication des procès-verbaux de ces réunions.

Le projet de loi tient compte de ces nécessités, et ses nouvelles dispositions ont pour but de fermer, autant que possible, la porte à la fraude, en faisant obstacle aux ingénieuses combinaisons d'habiles spéculateurs qui continueront certainement, comme par le passé, à chercher les moyens de se livrer, aux dépens des incrédules, à des spéculations que réprouvent l'honnêteté et la loyauté.

Le projet de loi comprend trois articles, divisés en neuf titres ; il est intitulé : *Projet de loi sur les sociétés par actions*, parce que, sauf le titre IV qui édicte des dispositions générales relatives à la publicité, tous les autres ne concernent que les sociétés par actions.

Le titre I comprend les articles 1 à 45 et est intitulé : des *Sociétés anonymes.*

Diverses modifications assez importantes y sont contenues.

Il n'existait que deux types d'actions, celles de 100 fr., pour les sociétés dont le capital n'excédait pas 200,000 fr. et celles de 500 fr. lorsqu'il était supérieur ; on admet un troisième type ; les sociétés dont le capital ne dépassera pas 100,000 fr. pourront être de 50 fr., on a pensé faciliter ainsi la formation de petites sociétés dignes également d'intérêt et qui, dans l'état actuel, ne pouvaient se constituer qu'à l'état de capital variable, cause ordinaire de discrédit.

Ensuite, en raison des inconvénients que

l'expérience avait démontrés, alors que les actions pouvaient se libérer du quart nécessaire à la constitution, par des versements *en espèce* ou de *toute autre manière*, il est spécifié que ce quart devra toujours être versé *en espèces*, pour éviter les diversités de jurisprudence qui avaient consacré la validité, tantôt d'un versement en valeurs, tantôt par voie de compensation.

Une autre innovation sérieuse est celle qui concerne la transformation des actions nominatives en actions au porteur; suivant la loi de 1867, cette conversion pouvait être faite à toute époque, par décision d'une assemblée générale après libération de moitié de sa valeur.

Le projet de loi refuse cette faculté avant l'entière libération de l'action, afin d'éviter les difficultés qu'ont présentées, en cas de besoin, la recherche et la poursuite des débiteurs.

Peut-être y a-t-il là une exagération de précaution qui peut faire tort et entraver, dans une certaine mesure, le fonctionnement des sociétés auxquelles on ne peut nier que la conversion des actions est souvent favorable; il ne faut pas que la crainte des difficultés de la libération vienne paralyser les bienfaits de l'institution et ne pas perdre de vue également que, dans certaines circonstances, le capital peut n'être qu'un capital de garantie, qu'on peut bien ne pas appeler et dont la circulation serait ainsi paralysée sans utilité.

Nous posons là un point d'interrogation pour le Corps Législatif, lorsqu'il sera appelé à se prononcer.

Quant à la responsabilité des souscripteurs primitifs, la loi de 1867 n'avait rien dit de ceux qui avaient conservé leurs actions et la jurisprudence avait fini par déterminer que leur obligation n'était pas limitée ; la loi nouvelle définit celle qui leur incombe, lorsque la conversion a pu être faite régulièrement ; quand l'aliénation a eu lieu avant l'autorisation de l'Assemblée générale, le souscripteur ne demeure tenu que pendant 2 ans à partir de la constitution définitive de la société ; après une discussion très-vive au Sénat, bien que le projet fût muet à cet égard, le bénéfice de cette prescription de deux ans, après la cession, a été accordé à ceux dont l'aliénation serait postérieure à cette constitution.

Dans le cas où l'obligation de libération entière de l'action pour permettre sa transformation au porteur, serait modifiée comme nous en exprimons ci-dessus le désir, les articles 7 et 8 devraient être remaniés.

Les propositions du Gouvernement comprenaient la réserve, pour les actionnaires représentant au moins le vingtième du capital social, de pouvoir, pendant trois ans, à partir de la constitution de la société, réclamer en leur faveur des dommages-intérêts, dans le cas où il serait établi que la valeur des apports en nature n'atteignait pas la moitié de leur évaluation.

A la discussion, ce droit a été abandonné par le Sénat, qui a pensé que cette faculté pourrait être pour les fondateurs l'occasion de manœuvres de chantage, et en raison de la difficulté de pouvoir établir d'une manière précise, après deux ou trois années, une telle majoration sur des apports pouvant avoir à l'origine un caractère aléatoire.

Nous avouons être peu touché de ces raisons, qui ne nous paraissent pas déterminantes pour priver la société de garanties qui peuvent faire obstacle à des manœuvres dolosives aussi contraires à la bonne foi ; en cas de réclamation, les tribunaux sauront bien trouver les moyens d'éclairer leur religion. Il nous semble donc qu'il y aurait utilité à en revenir à la première rédaction.

La jurisprudence n'était pas unanime sur le droit pour les sociétés de payer aux actionnaires des intérêts, même en l'absence de bénéfices, quand ce cas était prévu dans les statuts; à cet égard, les lois antérieures étaient muettes ; le projet actuel tranche la question en accordant cette faculté jusqu'à 5 %, pendant la période de premier établissement, dont le terme devra être fixé par les statuts; seulement, ce taux de 5 %, en présence du cours actuel de l'intérêt du capital, nous paraît exagéré ; il serait peut-être opportun de le limiter à un chiffre moindre, pour exciter les intéressés à diminuer cette période d'étude, pendant laquelle le capital de la société éprouvera évidemment un amoindrissement certain.

Il est une autre question pour laquelle la législation actuelle est muette; en cas d'augmentation de capital, les prescriptions édictées pour la constitution de la société sont-elles applicables ? Le projet de loi consacre l'affirmative pour empêcher l'abus d'émissions successives, qui permettraient d'éluder, par un moyen détourné, les règles auxquelles est soumise la fondation des sociétés. C'est évidemment un progrès qui pourra entraver certaines spéculations.

Une préoccupation plus grave est celle qu'a fait naître l'examen du droit pour une société de racheter ses actions. Les procès qui ont été intentés, il y a deux ans, à la suite des sinistres financiers dont le souvenir est encore présent, ont donné un sérieux intérêt à la discussion à laquelle le Sénat s'est livré sur ce sujet tout d'actualité, et qui n'avait pas été prévu par la loi de 1867.

Il est évident que ces opérations présentaient un caractère illicite, puisqu'elles avaient pour résultat, entre autres inconvénients, de diminuer le capital qui était la garantie des tiers et sur lequel ils avaient dû compter en traitant avec la Société. Les spéculations effrénées auxquelles certaines Sociétés se sont livrées sur leurs propres actions, ont démontré la nécessité de déterminer dans quels cas seuls ces opérations pouvaient être permises et fixer les pénalités auxquelles les infractions commises pourraient donner lieu.

Il est donc dit dans le projet que ces rachats ne pourront avoir lieu que dans les conditions suivantes :

1° Lorsque ce rachat est fait pour un amortissement prévu par les statuts ;

2° Lorsque le rachat se faisant en vue d'une réduction du capital social, toutes les conditions et formalités prescrites pour cette réduction ont été remplies.

Ces prescriptions doivent être considérées

comme une sauvegarde pour les actionnaires et pour les créanciers.

Nous arrivons à la grave question des responsabilités. La loi de 1867 avait donné lieu à d'ardentes controverses, il en était résulté deux doctrines; l'une d'équité, qui limitait la responsabilité à l'étendue du préjudice causé; l'autre, qui se prétendait plus juridique et qui admettait que la société anonyme ayant disparu par le fait de l'annulation, il ne restait plus qu'une société de fait entraînant une responsabilité illimitée pour les fondateurs à l'égard de l'intégralité du passif social, sans préjudice des réclamations des actionnaires.

Le projet se rallie à la première de ces doctrines et tranche ainsi cette question de responsabilité.

Lorsque la nullité aura été prononcée pour violation des prescriptions imposées aux fondateurs, ceux-ci seront solidairement responsables à l'égard des tiers et des actionnaires

Cette responsabilité sera simplement facultative à l'égard des administrateurs en fonctions au moment où la nullité a été encourue, et à l'égard des commissaires qui n'auront pas procédé à la vérification dont ils sont chargés.

Dans tous les cas, cette responsabilité sera toujours limitée à l'étendue du dommage causé, dont l'appréciation ressort du pouvoir souverain des tribunaux.

La clarté de ces termes fait cesser toute incertitude sur l'étendue d'une responsabilité, qui, si elle avait continué d'exister comme par le passé, aurait interdit à tout homme prudent l'acceptation de fonctions aussi compromettantes, et cela au grand dommage des opérations sérieuses.

La loi de 1867 avait également été muette sur les droits respectifs des créanciers de la société, et des créanciers personnels des associés, lorsque la nullité était prononcée; la jurisprudence les avait classés dans une situation égale et admis concurremment aux mêmes droits.

Aujourd'hui, contrairement à la doctrine qui avait prévalu ci-dessus, une préférence sur l'actif social est accordée aux créanciers sociaux à l'encontre des créanciers personnels.

Seulement, dans le cas où l'appel fait aux actionnaires pour libérer leurs actions entraînerait contre certains d'eux, en état de faillite ou de déconfiture, des poursuites, le produit des condamnations prononcées rentrerait, d'après l'exposé du projet de loi et la discussion devant le Sénat, dans les règles du droit commun, et serait attribué au marc le franc, concurremment aux deux natures de créances.

Cette opinion est la conséquence naturelle des principes ci-dessus posés, qui considèrent que si, en droit, il n'y a pas eu de société, il a toujours existé une société de fait qui ne peut être considérée comme non-avenue.

Une autre innovation a lieu à l'égard de la prescription des actions en nullité qui pouvaient être intentées; aucune disposition spéciale n'ayant été prise par la loi de 1867, elles se trouvaient soumises au droit commun, c'est-à-dire à la prescription trentenaire; il en est résulté des opérations de chantage de la part d'agences à l'affût des irrégularités qui pouvaient exister et qui, quelques minimes qu'elles fussent, se faisaient acheter leur silence, pour éviter une action que les tribunaux se seraient trouvés obligés d'accueillir, alors même que la société eût été prospère et que cette nullité n'eût eu pour elle aucune suite fâcheuse.

Aujourd'hui, l'action en responsabilité résultant de cette nullité ne sera plus recevable trois ans après le jour où la nullité a été encourue, lorsque, avant l'introduction de la demande, la cause aura cessé d'exister; lorsque les causes de nullité seront postérieures à la constitution de la société, les actions ne seront plus recevables trois ans après le jour où la nullité aura été encourue.

Le titre II, comprenant neuf articles, du n° 46 au n° 54, s'occupe des *Sociétés en commandite par actions.*

Le projet de loi fait, en ce qui concerne les sociétés en commandite par actions, de nombreux emprunts à la loi de 1867 et ne s'en éloigne que pour mettre les obligations qui y sont mentionnées en rapport avec quelques-unes des modifications ci-dessus définies.

Ainsi, les obligations imposées aux fondateurs et administrateurs doivent être remplies par le gérant.

Encore, la violation des prescriptions qui entraînent la nullité des sociétés anonymes, entraînera également celle des sociétés en commandite par actions.

Enfin, pour éviter tout doute sur l'application du principe qui admet une partie des prescriptions générales applicables à cette nature de sociétés, il comprend la nomenclature détaillée des articles de la loi sur les sociétés anonymes qui doivent y rester étrangères.

Cette précaution devra éviter les diversités

de jurisprudence qui sont toujours un danger dans les procès qui n'ont que trop d'occasion de naître sur des questions de cette nature.

Le titre III, composé de 8 articles, du n° 55 au n° 62, s'applique aux *Sociétés à capital variable.*

Cette nature de sociétés a réclamé également fort peu de modifications à la loi de 1867; l'expérience des 17 années qui se sont écoulées entre cette époque et la date de présentation du projet de loi, a démontré que, pour ces sociétés, l'œuvre alors entreprise avait été élucidée aussi complètement et aussi libéralement que possible et qu'elle n'avait été l'objet d'aucune critique sérieuse. Il est donc presque complètement la reproduction de cette loi, sauf en ce qui concerne le minimum de la valeur des actions et la situation à l'égard de la société, de l'associé qui en est sorti, soit par exclusion, soit par suite de démission.

Le minimum de la valeur des actions était jadis fixé à 50 fr., le projet de loi l'ayant abaissé pour les sociétés à capital fixe, le minimum a donc été réduit à 25 fr.

Quant à la situation de l'associé qui cesse de faire partie de la société, la loi de 1867 avait bien réglé ses obligations vis-à-vis des tiers, mais n'avait rien dit quant à ce qui concernait la société.

Aujourd'hui, l'associé, dans cette situation, ne peut provoquer la liquidation de la société ; son droit est réduit à recevoir sa part, telle qu'il résulte du dernier bilan avant sa démission ou exclusion, dans les délais fixés par les statuts. Il reste toutefois personnellement responsable dans les limites de son engagement et pendant deux ans à partir de sa cessation de sociétaire, des engagements de la société à cette époque.

Le titre IV contient douze articles, de 63 à 74 et s'occupe de la *Publicité*.

Il fait également de nombreux emprunts à la législation actuelle, mais il y ajoute une modification au point de vue du régime des annonces judiciaires et légales.

Suivant la pratique actuelle, les publications auxquelles sont astreints certains actes des sociétés anonymes, sont faites dans le département de la Seine, dans l'un des journaux désignés par le Préfet et, dans les autres départements, dans le journal qui convient aux parties. Il en résulte naturellement que cette publicité n'atteint pas son but, parce qu'elle peut être faite dans des journaux ayant un faible tirage, ou bien parce que leur multiplicité rend difficile la recherche des renseignements portés à la connaissance du public.

Pour obvier à ce grave inconvénient, le projet détermine que ces publications auront lieu dorénavant, dans un bulletin annexé au *Journal officiel;* de cette manière ne seront pas renseignés ceux qui ne désireront pas l'être.

L'article 72 est la reproduction textuelle de l'article 63 de la loi de 1867, qui décide que les augmentations ou diminutions de capital, opérées par suite de stipulations dans les statuts des sociétés à capital variable, ne sont pas assujetties aux formalités de dépôt et de publications.

Nous avouons ne pas nous rendre compte des motifs de cette prescription, surtout quand on voit que les réductions peuvent atteindre, d'après l'article 59, les neuf dixièmes du capital social, et que, dès lors, il peut y avoir intérêt pour les tiers à être avisés des diminutions de garanties qui peuvent, dans ce cas, en résulter pour eux.

La discussion au Sénat n'a rien dit à ce sujet ; peut-être n'a-t-on rien voulu changer, simplement parce que le passé n'a donné lieu à aucune réclamation. Néanmoins, dans une question qui ne nous paraît pas sans importance, il est désirable que le Corps Législatif soit plus explicite.

Titre V, composé de 13 articles, du n° 75 au n° 87, traite des dispositions relatives aux obligations.

Presque toutes les règles posées par ces dispositions sont nouvelles. Présentement, la loi est complètement muette sur la situation des créanciers des sociétés, par suite de souscriptions d'obligations ; la protection qui leur est accordée repose uniquement sur les règles de droit commun, bien qu'ils ne puissent être assimilés à des prêteurs ordinaires.

L'obligation est aussi indispensable que l'action au fonctionnement des sociétés ; le législateur doit donc protéger également l'obligataire et l'actionnaire. Le titre V répare l'oubli dont cet intérêt avait à se plaindre.

Le projet de loi détermine dans quelles conditions peuvent être émises des obligations remboursables au sort à un taux supérieur au prix d'émission et quel sera leur sort en cas de faillite ; il décide ensuite que les porteurs d'obligations peuvent se réunir et nommer des mandataires chargés de les représenter, et lorsqu'ils représentent un vingtième au moins du capital formé par chaque série d'obligations, leur donne le droit, à leurs frais, de les représenter en justice et de soutenir, tant en demandant qu'en défendant, toutes actions qui peuvent les concerner comme créanciers. Si la convocation des obligataires a été une des conditions de l'emprunt, cette assemblée peut nommer des commissaires choisis parmi eux qui, sans s'immiscer dans la question sociale, ont droit aux mêmes communications et pièces que celles faites et remises aux actionnaires, et qui peuvent assister aux assemblées générales quelconques, sans participer ni aux discussions ni aux votes. Dans le cas où les fonds empruntés ont une affectation déterminée, ils ont droit de s'assurer qu'ils reçoivent la destination indiquée.

Cet ensemble de dispositions crée aux obligataires une situation qui ne peut que fortifier et développer un des principaux facteurs des sociétés, et nous l'approuvons tout en faisant une réserve; il n'est apporté aucune limite au pouvoir d'émettre des obligations, dès que la société est constituée, il y a dans cette autorisation un danger à conjurer. A notre avis, le pouvoir d'émettre des obligations ne devrait exister que lorsque le capital a été encaissé et employé, au moins dans une limite déterminée, tel que cela a lieu pour les entreprises subventionnées par l'État, et encore le chiffre devrait en être limité à l'importance du capital.

De cette manière, on éviterait le danger de diminuer par des émissions successives les garanties sur lesquelles ont dû compter les souscripteurs des premières séries d'obligations, et ensuite, on donnerait un gage plus certain à cette nature de créanciers dont les intérêts ont besoin d'être sérieusement assurés.

Le titre VI, composé seulement de deux articles, n°s 88 et 89, est spécial aux *Tontines et Sociétés d'assurances.*

Au sujet de ces sociétés, il n'est rien innové; la législation actuelle est maintenue avec cette seule différence que, pour trancher certaines questions de jurisprudence, la surveillance de l'État, à laquelle seront soumises les nouvelles sociétés, sera applicable également aux anciennes et pourra s'exercer, en vertu du réglement d'administration publique qui devra être fait en exécution de la présente loi, sans être arrêté par les règles posées dans les actes d'autorisation antérieurement accordés.

Le titre VII, comprenant sept articles, du n° 90 au n° 96, s'occupe des *Sociétés étrangères.*

La loi du 24 juillet 1867 ne contient aucune disposition relative à ces sociétés, le projet de loi a visé à faire cesser les difficultés de doctrine et de jurisprudence auxquelles elles pourraient continuer à donner lieu.

La plus importante des nouvelles obligations qui y sont insérées concerne les *Sociétés anonymes d'assurances sur la vie.*

Un nombre assez considérable de sociétés françaises avait demandé que ces associations continuassent à jouir du régime de liberté appliqué jusqu'ici, en prétendant qu'en les assimilant aux sociétés françaises, on ferait cesser l'espèce de discrédit dont les frappait le défaut d'autorisation, et, par cela même, rendrait plus difficile la concurrence de nos sociétés nationales.

La commission, et avec elle le Sénat, n'ont pas partagé cette opinion ; ils ont pensé qu'il y avait lieu de se préoccuper avant tous autres, des intérêts des assurés auxquels l'absence d'obligation de prévoyance permettait d'offrir des conditions plus avantageuses et qui pouvaient se laisser séduire, sans se rendre compte que cet avantage apparent n'était obtenu qu'à l'aide d'emploi de leur versement dans des conditions qui compromettaient les sécurités de l'avenir.

Il a donc été prescrit que ces sociétés seront soumises, comme les sociétés françaises, à l'autorisation et à la surveillance du Gouvernement et qu'elles devront déposer à la caisse des dépôts et consignations un cautionnement proportionné à l'importance des sommes encaissées et qui sera affecté par privilège à la garantie des opérations faites en France.

Nous croyons qu'il n'y a qu'à applaudir à ces précautions qui eussent évité des difficultés et des déceptions si elles avaient été prises plus tôt.

Enfin les titres VIII et IX, qui comprennent 15 articles, du n° 97 à 111, traitent des *dispositions pénales et diverses.*

Dans la loi de 1867, les pénalités étaient indiquées dans chacun des articles qui prévoyait une infraction ; dans le projet actuel, elles sont toutes réunies dans un seul chapitre, ce qui permet de se rendre compte plus facilement pour chacun, des conséquences de l'oubli des prescriptions imposées.

Le nombre des délits prévus est supérieur à celui admis par la législation actuelle, cela résulte du plus grand nombre des prohibitions et des défenses formulées ; quant aux peines, il n'y a d'aggravation que sur celles qui sont corporelles ; ce qui permet d'atteindre utilement les delinquants sur lesquels, par suite de leur situation de fortune, les peines pécuniaires auraient peu d'efficacité.

D'ailleurs, les tribunaux ont toute liberté pour les cumuler ou les abaisser, suivant la gravité des cas qui leur seront soumis.

En résumé, sauf les quelques objections que nous avons signalées dans le cours de cette étude et que la Chambre pourrait s'approprier si elle les approuve, notre avis est que le projet actuel, beaucoup plus complet que la loi du 24 juillet 1867, peut être considéré comme réalisant un progrès certain, qui devra favoriser la formation des sociétés sérieuses et rassurer les capitaux dont l'hésitation était parfaitement justifiée par les sinistres financiers de ces dernières années.

Après cet exposé, la Chambre prend, à l'unanimité, la délibération suivante :

La Chambre,

Vu les circulaires de M. le Ministre du Commerce, en date des 23 juillet et 22 octobre 1885 ;

Vu le rapport présenté par le Président à la séance de ce jour ;

Considérant que le projet de loi sur les sociétés, voté par le Sénat, à la date du 29 novembre 1884, réalise une amélioration très-sensible sur la législation actuelle en matière de sociétés ;

Considérant néanmoins que quelques-unes des prescriptions qui y sont comprises paraissent susceptibles de modifications, et qu'il y a lieu de les signaler à l'attention du Corps législatif lors de l'examen qu'il sera appelé à en faire, conformément à la constitution ;

Décide de donner son approbation audit projet, sous les réserves suivantes :

L'article 5, qui décide que l'action reste nominative jusqu'à son entière libération, contrairement à la loi de 1867 qui limitait cette libération à la moitié, après délibération de l'Assemblée générale, lorsque les statuts le permettaient, exagère les précautions que peut réclamer la protection des tiers et obligera les sociétés à des encaissements onéreux si elles n'en ont pas emploi immédiat.

La législation actuelle est préférable, en ce qu'elle facilite une circulation de ces valeurs, qui est sans aucun doute favorable aux sociétés.

L'article 12 a supprimé du projet du Gouvernement le droit accordé, pendant trois ans, à partir de la constitution de la Société, aux actionnaires représentant au moins le vingtième du capital social, d'obtenir contre les associés qui ont fait des apports en nature, des dommages-intérêts, lorsqu'il est établi que leur valeur n'atteignait pas la moitié de leur évaluation.

La suppression est basée sur la difficulté d'établir d'une façon certaine, que des apports qui ont quelquefois un caractère aléatoire ont été autant majorés, et sur le danger d'exposer des fondateurs à une manœuvre de chantage par la menace d'un procès.

Ces raisons ne nous paraissent pas déterminantes ; si les fondateurs ont été loyaux, la crainte n'aura aucun empire sur eux ; quant à l'appréciation de la valeur par les tribunaux, nous avons assez confiance en leurs lumières pour être certains qu'ils trouveront le moyen d'éclairer leur religion.

Nous demandons donc le rétablissement de cette supression.

L'article 29 permet d'insérer dans les statuts qu'il pourra être payé, même en l'absence de bénéfices, pendant la période de premier établissement, des intérêts qui ne dépasseront pas 5 %.

Nous croyons que cette limitation est exagérée et qu'il y a lieu de la réduire à 3 %, pour exciter les fondateurs à diminuer le plus possible le temps pendant lequel il sera fait des prélèvements de cette nature, et qui, en présence de l'intérêt qu'ils pourront retirer du capital non employé, constituera certainement une diminution du capital social.

L'article 72 affranchit des formalités de dépôt et de publications les actes constatant les augmentations ou les diminutions du capital social des sociétés à capital variable.

Nous ne comprenons pas cette opinion, surtout quand, d'après l'article 59, les réductions peuvent atteindre les neuf dixièmes du capital social ; il y a là un fait grave qui ne doit pas être ignoré des créanciers auxquels il peut causer un grave préjudice.

Nous pensons que l'obligation de publier devrait exister.

Enfin, nous désirons que le titre V soit complété par l'interdiction d'émettre des obligations avant que les quatre cinquièmes du capital social aient été employés, et en limitant ce droit d'émission au chiffre de ce même capital.

Expédition de la présente délibération sera adressée à M. le Ministre du Commerce, avec prière de la soumettre à la Commission du Corps législatif, auquel l'étude du projet de loi sera renvoyée.

Étaient présents :

MM. David Beaujour, Président.
Berjot, Secrétaire.
Levard, Tapper, Gombeaux, Gallet, Demagny, Knell, Membres.

Caen, Typ. F. Le Blanc-Hardel.

www.ingramcontent.com/pod-product-compliance
Ingram Content Group UK Ltd.
Pitfield, Milton Keynes, MK11 3LW, UK
UKHW032025260826
14628UKWH00006B/2738

9 782013 251976